刺繍で描く、布もよう

suzu

はじめに

私にとって"手刺繍"という針仕事は
贅沢なひとときの象徴です。

刺繍をするための時間、できた時の達成感、
作った作品を使ったり飾り替えたりする気持ちのゆとり、
どの瞬間も人生にとって豊かな時間です。

伝統的な刺繍の技法を大切に受け継ぎつつも、
こうでなければならないという枠を超えて
自由に楽しんでもらえたらいいなと願いを込めて、
この一冊には"小さなモチーフ"が
"奏でるようなリズム"で模様を描くデザインのアイディアを
ぎゅっと詰め込みました。

図案のとおり楽しんだり
並べ替えたり、モチーフを増やしたり
ワンポイントだけあしらったり、
好きな型紙にレイアウトしたり
既製の布小物に刺してみたりするなど、
楽しみ方はきっと手に取っていただいたかたの
数ほどあると思っています。

"生地から創り出す"という
より独創性を求めた
針仕事の喜びのひとときを
過ごしていただけたらうれしいです。

suzu
theRibbonknot

contents

ポルカドットフラワー／コースター　04／05

摘み花／フラットポーチ　06／08

クラスペディア／パネル　09／33

さくらんぼ　10

チューリップ　11

小花／チャーム　12／13

ブルーベリー　14

カモミール　15

額紫陽花　16

カーネーション／カード　18／19

ミモザ／リボン　20／21

リボン模様　22

イニシャル　23

レンゲソウ／ポシェット　24／25

ノイバラ　26

すずらん　27

野うさぎのお散歩　28

しあわせをはこぶコトリ　29

カスミソウ／刺繍クロス　30／31

藤／パネル　32／33

ラベンダー／リボン　34／35

エキナセア　36

刺繍の基本　37

材料　38

道具　39

刺繍の基礎　40

ステッチの刺し方　44

図案と小物の作り方　53

ポルカドットフラワー

pattern_p.55

［ コースター ］

How to make_p.78

ぷっくりとした立体的な刺繍に囲まれたティータイムは
特別感のあるひとときに。サイズを変えるとポットマット、
糸色を変えると自分用の目印にも。

摘み花

pattern_p.56、57

スタンプワーク（＝立体刺繍）の2つのステッチ、左ページは「スミルナステッチ」、右ページは「タッセルステッチ」のサンプラー。同じステッチでも糸の種類やループをカットするかしないかで違った表情を見せてくれます。好みを見つけて、一輪のワンポイントフラワーとして刺すのもおすすめ。

[フラットポーチ]
How to make_p.80

さくっと刺繍して布小物に縫いつけられる、中央のアップリケがポイント。手帳入れにしたり、本や手紙など大切なものをまとめて入れたり、お出かけのお供に。

クラスペディア

pattern_p.54

さくらんぼ

pattern_p.58

チューリップ

pattern_p.59

小花

pattern_p.60

[チャーム]

How to make_p.84

お気に入りのモチーフを刺して、
いつも一緒にお出かけを。香りを
詰めてサシェとしても楽しめます。

ブルーベリー

pattern_p.61

カモミール

pattern_p.62

15

額紫陽花

pattern_p.63

紫陽花は色のバリエーションや濃淡に個体差があるように、
チョイスする色で刺し手それぞれの花を咲かせることができます。
平面的なステッチも"ゆるやかに、やさしく、ふわりと"持ち上がるだけで、
その小さなひと針に生命が宿るような存在感が生まれます。

花びらのようながくは、ストレートステッチを重ねて刺すレイズドストレートステッチで。仕上げに、針の頭でふっくらと引き出すひと手間が大切です。
≫ p.43 ステッチの整え方

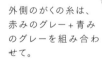

外側のがくの糸は、赤みのグレー＋青みのグレーを組み合わせて。

がくと中央の真花は、それぞれグレーの濃淡で糸色をミックス。色を混ぜることで奥行き感がぐんと増します。好みの色にアレンジする場合、慣れないうちは、濃いピンクと薄いピンクのように同系色で合わせてみてください。

カーネーション

pattern_p.64

18

[カード]
How to make_p.87

モチーフをひとつ抜き出して。刺繍した布を切りっぱなしの
ままポストカードに縫いつけた母の日の特別なカードです。

ミモザ

pattern_p.65

[リボン]
How to make_p.85

刺繍は結んでみて位置を決めました。好きな長さ・配置で何通りも楽しむことができます。ラッピングやブーケ、バッグに結んであしらってもかわいい。

21

リボン模様

pattern_p.66

イニシャル

pattern_p.67

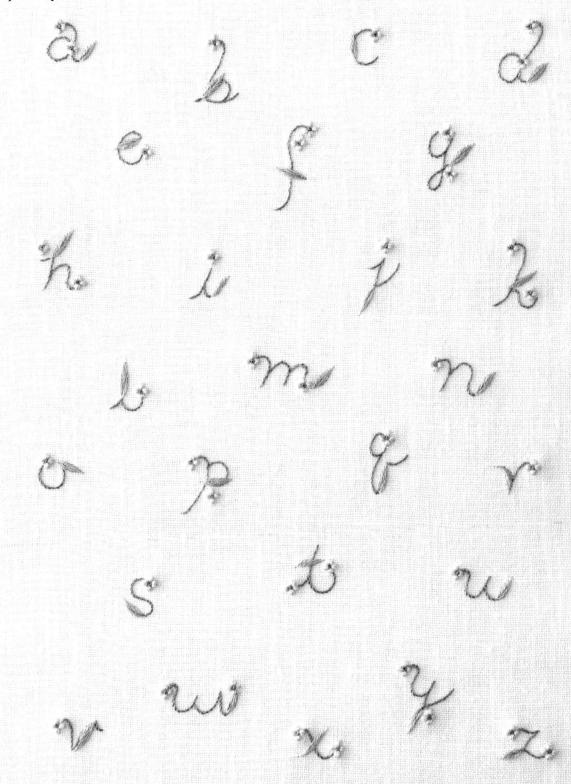

レンゲソウ

pattern_p.68

［ポシェット］
How to make_p.82

刺繍は左ページの配置のまま、糸色をモノトーンに変えました。ひもの長さは結んで変えられるので、肩がけや斜めがけ、ハンドバッグ風にもアレンジできます。

ノイバラ

pattern_p.69

すずらん

pattern_p.70

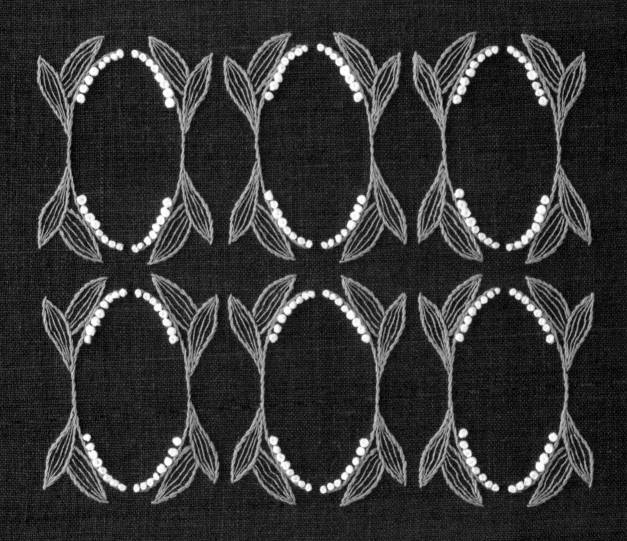

27

野うさぎのお散歩

pattern_p.71

しあわせをはこぶコトリ

pattern_p.72

カスミソウ

pattern_p.73

[刺繡クロス]
How to make_p.77

布端を縁とりのステッチでドレスアップ。カバーとして使ったり、大切なものを包んだり、マットにしたりと幅広く活躍してくれます。

藤

pattern_p.74

[パネル]

How to make_p.86

パネルに仕立てるときは、刺繍布の下にキルト芯のクッションを敷くひと手間が大切です。裏糸のあたりが表にひびきにくくなり、ステッチの美しさがいっそう引き立ちます。シーズンで飾り替えをして季節のインテリアとして楽しんで。

ラベンダー

pattern_p.75

[リボン]

How to make_p.85

サークル状に組んでいたラベンダーをばらして縦に並べたり、反転させたりと自由にアレンジ。布幅は図案の大きさや用途に合わせてお好みで。

エキナセア

pattern_p.76

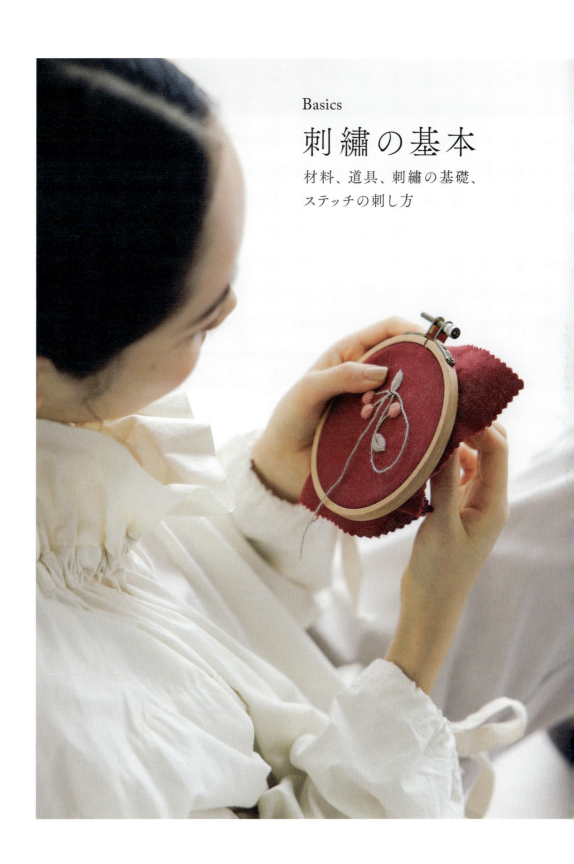

Basics
刺繡の基本

材料、道具、刺繡の基礎、
ステッチの刺し方

材 料

布
リネンやコットンのような天然素材の平織りで、適度な張りがあり、伸縮しないものが刺しやすくおすすめです。本書ではコットンとポリエステルの混紡地、リネン地の2種を使用しています。

ⓐ 綿ポリダンガリー／丸石織物
しわになりにくく、収縮しにくいので水通しは不要。ほどよく布目が詰まっていて適度な張りがあるので、とても刺しやすいおすすめ素材です。

ⓑ カラーリネン／fabric bird
風合いがあり、仕上りの美しさは格別です。形くずれを防ぐために、リネン地は図案を写す前の地直し・水通し（p.53参照）をするひと手間も大切です。

ⓒ フェルト
スタンプワークのステッチの内側に据えて立体的に仕上げます。布か糸と同色の、厚さ1〜2mmのものを使用します。

ⓓ 刺繍糸
本書では25番、タペストリーウール、エコヴィータ、ディアマントの4種、すべてDMCの糸を使用しています。

- **25番刺繍糸**
6本の細い糸が撚り合わさっているのが特徴。必要な本数を1本ずつ引きそろえることで、好みの太さのステッチに対応できます。綿100％。

- **タペストリーウール**
小巻きになっているウール100％の太めの刺繍糸です。毛糸らしいふっくらとした質感と立体感が楽しめます。

- **エコヴィータ**
上質なメリノウールを天然素材で染色したオーガニック糸。25番糸の3本どり、タペストリーウールの約1/3程度の太さ。

- **ディアマント**
しなやかさのあるメタリック糸。1本が3本撚りになっていて、25番刺繍糸2本どりと同等の太さ。

道具

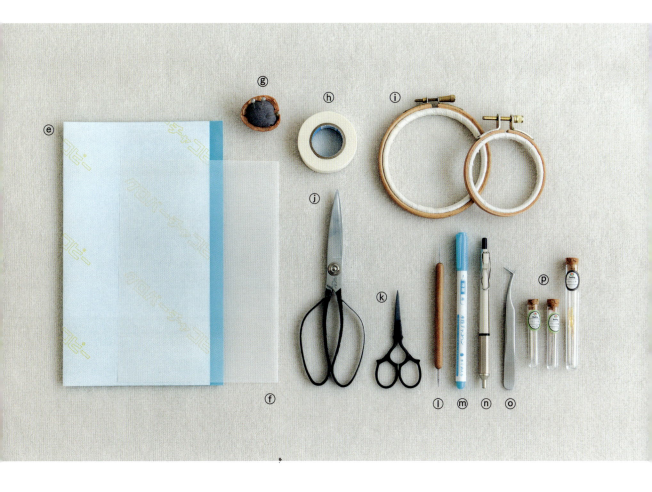

ⓔ 手芸用複写紙
布に図案を写すときに使います。片面にインクがついている水で消えるタイプを使用。

ⓕ トレーシングペーパー
図案を写しとるのに使う薄紙。

ⓖ まち針

ⓗ マスキングテープ
図案を写すときや、図案を写したトレーシングペーパーを布に仮どめするときに。

ⓘ 刺繍枠
布をぴんと張って刺しやすくするために使います。直径7～10cmが持ちやすいおすすめサイズです。

ⓙ 裁ちばさみ
布を切るときに。切れ味のよい布専用のものを。

ⓚ 糸切りばさみ
刃先が細くて薄い、よく切れるものを。

ⓛ トレーサー
手芸用複写紙を使って、布に図案を写すときに使います。インクの出なくなったボールペンでもOK。

ⓜ 手芸用水性ペン
布に直接、図案線を書くときに使います。水で消えるタイプを。

ⓝ ペン
図案をトレーシングペーパーに写すときに使用。0.3mmほどの細めの油性ペンがおすすめ。

ⓞ ピンセット
スタンプワークのステッチの内側に詰めものをするときに使用。

ⓟ 針
刺繍針は、刺繍糸が通りやすいように針穴が長くなっているのが特徴。糸の本数や布の厚さに合わせてサイズを選びます。本書ではフランス刺繍針、シェニール針（リボン刺繍針）、とじ針を糸の種類や用途によって使い分けています。

針ものがたり／チューリップ

・フランス刺繍針 アソート 8種
どんな布にも刺しやすい一般的な刺繍針。25番刺繍糸とディアマントのときに使用します。

・シェニール針 リボン刺繍針 No.20
ウール糸のときに。より針穴が長くなっているので太い糸でも通しやすい。

・毛糸とじ針 アソート
針先が丸くなっているのが特徴。糸を割らないようにスタンプワークのステッチのときに使います。

39

刺繍の基礎

p.09
「クラスペディア」でLesson

＊針は、指定以外はフランス刺繍針、ウール糸ではリボン刺繍針を使用。

step 1　布の下準備

❶霧吹きで水を吹きかけ、布目を整えながらアイロンをかける。
＊リネン地は事前に水通し・地直しをする(p.53参照)。

❹トレーサーで図案をなぞる。

step 2　図案を写す

❷図案の上にトレーシングペーパーをのせてマスキングテープで固定し、ペンで図案を写す。

❺薄い線があれば手芸用水性ペンで整える。

❸布の刺繍をしたい位置に❷のトレーシングペーパーをまち針でとめ、下に手芸用複写紙をインク面を布側にして入れる。

図案を好みの位置に配置して小物に仕立てたいときは……

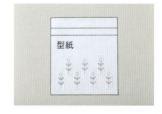

① 図案を1つずつ、必要な個数をトレーシングペーパーに写す。

② 型紙の上に①をバランスよく配置し、マスキングテープでとめる。

step 3　刺繍枠をはめる

❻ねじを少しゆるめて外枠から内枠をはずし、内枠の中央に図案がくるように布をのせる。

❼外枠をはめて布のゆがみがないようにぴんと張り、ねじをしっかり締める。

memo

○ 内枠にバイアス布

内枠に薄いバイアス布を巻いておくと、刺す布の保護とずれ防止になります。バイアス布はできるだけ重ならず、均等の厚さになるように巻きましょう。

○ 刺繍スタンドの代りに

刺繍スタンドを使うと持つ手の負担が減り、両手が使えることで整ったステッチを刺せます。スタンドがない場合は、机の縁に枠をのせ、2ℓのペットボトル飲料などを重石にしてください。枠は大きめ(15cm以上)が使いやすいです。

step 4 刺繡糸を用意する

❽かせの糸は、ラベルをつけたまま糸端を引き出してカットする。

扱いやすい長さの目安
25番糸 … 40〜60cm
ウール糸 … 40〜50cm
ディアマント … 20cm

❾25番糸は、カットした糸を二つ折りにし、6本の撚りから必要な本数を針の頭で1本ずつ引き抜く。

❿必要な本数（3本どりの場合は3本）の糸端をそろえてまとめる。

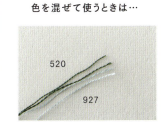

色を混ぜて使うときは…

指定「520（2）+927（2）」の場合
色番号520と927を2本ずつ引き出して合わせ、4本一緒に針穴に通す。

step 5 針に糸を通す

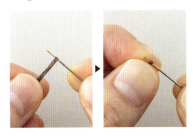

⓫糸端を針の頭に当てて二つ折りにし、指ではさんで平らにつぶす。

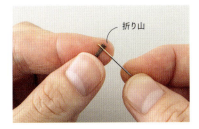

⓬糸の折り山を針穴に押し当てるようにして通す。

step 6 刺し始め〜刺し終りの始末をする

〈アウトラインSで茎を刺します〉

⓭一方の糸端を引き出す。

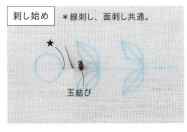

⓮糸端を玉結びし、刺し始め（★）から少し離れた図案線上に表側から針を入れ、刺し始め側に向かって針を出す。

⓯玉結び側に少し戻って針を入れる。

⓰刺し始め側に向かって小さな返し縫いを3目刺す。

⓱刺し始めから針を出し、玉結びをカットする。

⓲返し縫い3目をおおうようにしてアウトラインステッチ（p.50参照）を刺す。

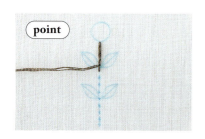

■「線刺し」の刺し終り

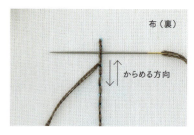

⓱ ステッチの長さが均一になるように、慣れないうちは刺す位置に印をつけておく。
＊慣れてきたら、2/3ほどまで刺したところで、均一の長さになるように調整して残りを刺す。

⓴ 布を裏に返し、裏側に渡っている針目に針をくぐらせる。

㉑ 同様に下の2目→上に戻って1、2目にくぐらせて糸を巻きからめる。

■ 糸替えのときの刺し始め
〈フィッシュボーンSで葉を刺します〉

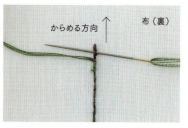

㉒ 根もとで糸をカットする。

㉓ 糸端を玉結びし、刺し始め（★）に近いステッチの近くに表側から針を入れる。

㉔ 布を裏に返し、裏側に渡っている針目2、3目に針をくぐらせて糸をからめる。

■「面刺し」の刺し終り

㉕ 糸をからめながら元の位置まで戻る。

㉖ 刺し始めから針を出して玉結びをカットし、フィッシュボーンステッチ（p.52参照）を刺す。

㉗ 布を裏に返し、刺し終りの横から針を入れ、裏側に渡っている糸のみをすくう。

㉘ 糸1、2本分戻った位置に針を入れ、元の位置に向かって糸をすくう。

㉙ 同様にもう一度糸をすくう。

㉚ 根もとで糸をカットする。

〈スミルナSで花を刺しました〉

㉛ 糸のねじれに気づいたら、針から糸を抜き、下から上へ針で糸をしごいてねじれをほどく。

㉜ すべてを刺し終わった裏側の様子。少し離れたところに続けて刺す場合も、糸にからませながら移動させる。

■ 太い糸（ウール糸）、近くにからませる糸がない場合

刺し始めは「玉結び」、刺し終りは「玉どめ」が基本になります。＊写真はドット模様になるフレンチノットステッチで解説

① 糸端を玉結びし、返し縫いの要領で小さく縫い、縫い目の際から出す。

② ①の縫い目をおおうようにステッチを刺す。

③ 裏側で玉どめをし、織り糸を1、2本すくって（p.44-❹参照）から糸端の余分をカットする。

step 7　図案を消し、アイロンで整える

㉝ 刺繍が完成したら、霧吹きで水をたっぷりと吹きかけて図案線を消す。
＊使用する複写紙や水性ペンの注意書きに従う。

㉞ アイロン台の上にタオルをのせ、刺繍面を下にして布を置き、霧吹きで全体に水を吹きかける。

㉟ 左手で布を張りながら、アイロンを押し当てる。
＊立体感がつぶれないように、スタンプワークのステッチ部分はよける。

㊱ スタンプワークのステッチ部分は、アイロン用ミトンを使い、ステッチの際に表側からアイロンをかける。

㊲ スミルナステッチの糸を針先でほぐして整えたら（p.45-❹b参照）、出来上り！

ステッチの整え方

ディタッチト
ボタンホールS
1段ずつ＆仕上げに、針先でステッチの間隔を整える。

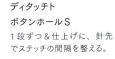

レイズドストレートS
糸の下に針の頭を入れ、押し上げながら糸をならす。

ステッチの刺し方

＊針は、指定以外はフランス刺繍針、ウール糸ではリボン刺繍針を使用。

 タッセルステッチ 糸を束ねて房飾りのように仕上がるステッチ。カットしたり、ほぐしたりとアレンジして楽しめます。

❶指定の長さ（◆）の厚紙に、図案に記載の回数糸を巻きつける。厚紙から糸をはずす。

❷とめ糸を図案の下側の点（★）から出して❶の糸を置き、再び★に入れ、束ねた糸の中央に巻きつける。

❸❷をもう1回繰り返して❶を縫いとめる。

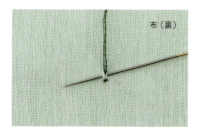

❹布を裏に返し、糸の根もとの織り糸を1、2本すくってゆるまないように固定する。

❺図案の上側の点（◎）から針を出す。

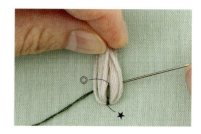

❻束ねた糸を二つ折りにし、◎に針を出し入れして根もとにとめ糸を2周巻きつける。

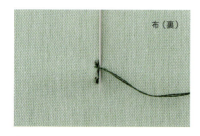

❼布を裏に返し、タッセルに隠れる位置で小さく2、3目返し縫いをする。

❽タッセルの糸端は布側に移動させ、ループの高さより短くカットする。基本のステッチの出来上り！

〈カットする場合〉

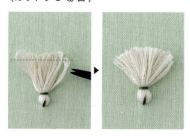

❾-a ループを好みの長さにカットする。

〈ふわふわにする場合〉

❾-b ループの先端をカットし、針先で少しずつほぐす。

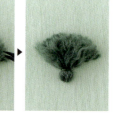

❿-b 少しずつカットしてほぐすを繰り返して仕上げたい長さと形に整える。

スミルナステッチ

ループを作りながら左から右へ刺し進めていきます。ループはカットするとフリンジに。

＊写真では針の運びは布をすくって刺していますが、実際は1針ずつに出し入れして刺します。

〈針の運び方の基本〉

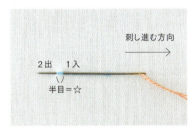

❶図案の刺し始め位置（2）より半目分先（1）に針を入れ、戻って2から出る。

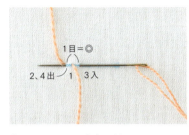

❷2より1目分先（3）に針を入れ、2と同じ位置（4）から針を出す。

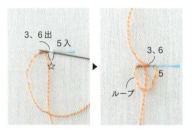

❸3より半目分先（5）に針を入れ、ループを作って3と同じ位置（6）から出る。
＊カットする場合は、仕上げたい長さよりも少し長めのループにする。

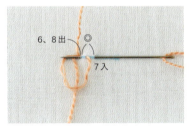

❹6より1目分先（7）に針を入れ、ループを作らないで1目分戻る（8）。

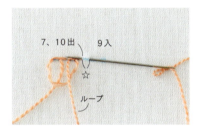

❺7より半目分先（9）に針を入れ、ループを作って7と同じ位置（10）から出る。ループの長さをそろえながら❹、❺を繰り返す。

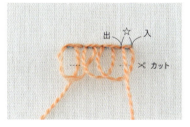

❻刺し終りは半目で返し縫いをし、糸端をループの長さより短くカットする。

〈円形に刺す方法〉

❶上記の基本の運び方で、ぐるりと1周刺す。

❷すきまがあかないように❶に沿って2周め、3周めとうず巻き状に内側に向かって刺す。

❸ループの下を通して内側から外側に針を出し、糸端をループの長さより短くカットする。基本のステッチの出来上り！

〈カットする場合〉

❹-a ループを好みの長さにカットする。

〈ふわふわにする場合〉

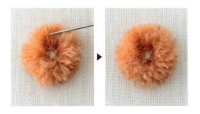

❹-b 少しずつカットして針先でほぐすを繰り返して仕上げたい長さと形に整える。

布（裏）

point

すきまなく刺しているのが分かる裏側の様子。1目の長さは1～2mmほど。みっちり詰めて刺すことでふさふさときれいに仕上がります。

ディタッチトボタンホールステッチ

ループがからみ合って編み地のような仕上りになるステッチ。裏側に糸を渡しながら左から右に刺していきます。

＊図案ページでは「D.ボタンホールS」と表記。

❶図案線の上側の輪郭に指定の数のバックステッチ（p.49参照）を刺す。

❷図案線の左側から針を出す。

❸とじ針に替える。1目めのバックステッチの糸にくぐらせ、針の下に糸をかける。

❹糸を引き、ボタンホールステッチの1目が完成。

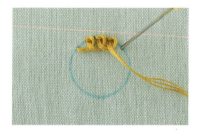
❺右隣のバックステッチの糸にくぐらせて糸をかけるを繰り返し、図案線の右側に針を入れる。

❻図案線の左側から針を出し、1目めのボタンホールステッチの糸にくぐらせ、針の下に糸をかける。残り1段のところまで同様に繰り返す。

❼中に詰める糸を指定の長さ用意し、図案のサイズに合わせて小さく折る。

❽ステッチの中にピンセットで❼を入れる。

❾最後の段を❻と同様にして刺し、図案線の右側に針を入れる。

図案ページ ディタッチトボタンホールステッチの補足図の見方

刺しやすい目数を、目安として記しています

・破線の数＝土台となるバックステッチの数
・Ωの数＝ボタンホールステッチの数

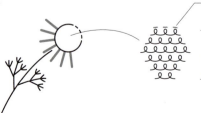

バックステッチ3目

1段め＝3目、2段め＝4目、3段め＝5目、4段め＝4目、5段め＝3目、6段め＝2目のボタンホールステッチ

ロールステッチ

細い棒状に仕上がるステッチ。
浮かないようにコーチングステッチの要領で固定します。

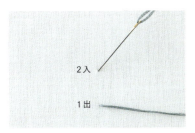

❶芯となる糸を2本並べて刺す。まずはストレートステッチを1本刺す。

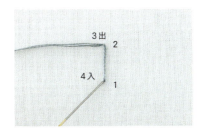

❷2本めを刺す。3は2の際（織り糸1、2本隣）から出し、1の際に入れる（4）。

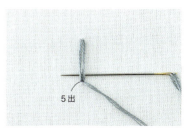

❸芯糸の下端の際から針を出す。とじ針に替え、芯糸2本にくぐらせて糸を巻いていくを繰り返す。

❹糸のねじれを直しながら、糸どうしが重ならないように巻きつける。途中、針先で巻きつけた糸を下に詰めて整える。

❺フランス刺繍針に戻し、芯糸の上端の際に針を入れる。

❻コーチングステッチ（p.49参照）の要領で、❺をとめ糸で固定する。

 ## 立体リボンステッチ

まち針に糸を8の字にからませてふんわりとしたリボンを作ります。

❶リボンの図案の下側の角に合わせてまち針を刺す。

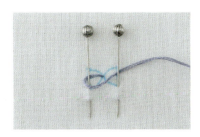

❷図案の中央から針を出し、左のまち針に下から上に糸をかける。

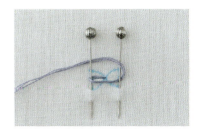

❸同様に、右のまち針に糸をかける。

❹❷、❸を指定の回数繰り返す。

❺図案の中央に針を入れる。

❻中央に針を出し入れして2周巻きつける。

パデッドサテンステッチ

芯にフェルトを入れることで、よりふっくらと立体的に仕上がります。

❶図案よりひと回り小さくフェルトをカットし、図案位置に縫いとめる。

❷指定の糸でサテンステッチ（p.51参照）を、仕上りの方向と垂直になるように粗めに刺す。

❸❷の方向と垂直にサテンステッチを刺す。中央から刺し始め、右半分を刺したところ。

❹残りの左側をサテンステッチで刺す。

 ## レイズドサテンステッチ

2つのストレートステッチに糸を渡して仕上げるオリジナルのステッチです。

＊とじ針を使用。

❶図案の上下に1目ずつ小さなストレートステッチ（p.49参照）を刺す。

❷下側のステッチの際から針を出し、2つのステッチに上から下に針をくぐらせる。

❸左側の糸を図案線のカーブに沿って整える。

❹糸を左側に寄せながら、❷を指定の回数繰り返す。

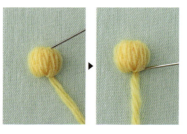

❺針先で糸を引き上げながら形を整え、最後は下端の中央に針を入れる。

❻コロンとした半球体の形に仕上がる。

〈ストレートステッチ〉

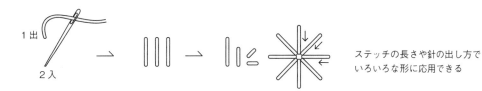

ステッチの長さや針の出し方で
いろいろな形に応用できる

〈レイズドストレートステッチ〉

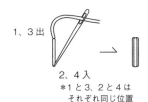

図案ページの表記
×3回＝3回重ねて刺す

〈バックステッチ〉

〈巻きつけバックステッチ〉

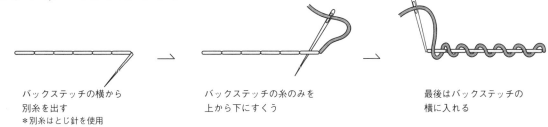

〈コーチングステッチ〉

〈アウトラインステッチ〉

針目の長さや重ねぐあいによって印象が変わり、使い分けができると表現がいっそう豊かになります。
針の運びは、図ではわかりやすいようにすくっていますが、実際は1針ずつ出し入れして刺しましょう。

○ 基本（先端も同じ太さにする方法）

刺し始めと刺し終りに半目を重ねて刺すことで、先端も同じ太さのステッチに仕上がります。

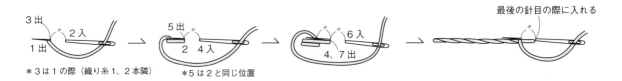

○ 先端を細くさせたいとき

○ 葉の先端など角を鋭角にとがらせたいとき

○ カーブをなめらかにするとき

○ 糸のつぎ方

○ 輪につなぐ方法

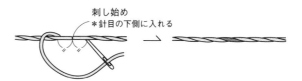

〈アウトラインフィリング〉

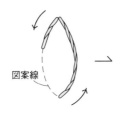

図案線に沿って輪郭を刺す

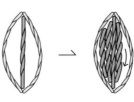

中央→左右の順に、刺し終えた
ステッチに沿って埋めていく

〈フレンチノットステッチ〉 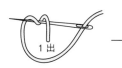 糸を引いて巻きつけた糸を根もとに寄せる  ゆっくり針を下に引き抜く

糸を指定の回数巻きつける
（図は2回巻き）

〈サテンステッチ〉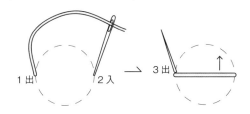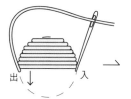

裏側の糸に針をくぐらせて中央に戻り、針を出す

〈芯入りサテンステッチ〉

図案の少し内側に
仕上りの方向と垂直になるように
粗めのサテンステッチを刺す

〈フライステッチ〉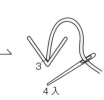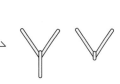

〈フェザーステッチ〉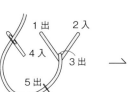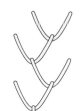

〈レジーデージーステッチ〉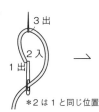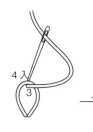

*2は1と同じ位置

＊フライステッチ、フェザーステッチ、レジーデージーステッチの針の運びは、すくった図にしていますが、実際は1針ずつ出し入れして刺します。

〈チェーンステッチ〉

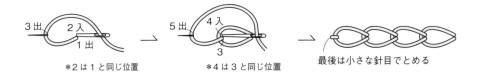

〈フィッシュボーンステッチ〉

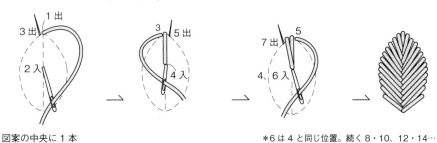

〈ボタンホールスカラップエッジステッチ〉

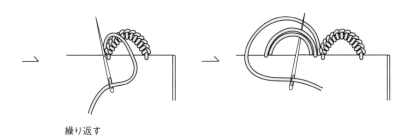

How to make
図案と小物の作り方

はじめに
リネンは水通しをします
リネンは水に濡れると縮む性質があるので、形くずれや刺繍のゆがみを防ぐために、図案を写す前に水通し＆地直しをします。ほつれ防止に、布端はしつけ糸などでざっくりと粗めにかがるか、ピンキングばさみでカットしておきましょう。

水通し・地直しの方法
1. よこ糸を1本引き抜き、抜いた筋に沿ってカットしてゆがみを直す。
2. 布をたたんでたっぷりの水に1時間ほど浸す。
3. 布の角が直角になるように整えてから陰干しする。
4. 半乾きの状態で、布目に沿ってドライアイロンをかける。

図案の見方　＊図案はすべて実物大です

- 糸：すべて25番刺繍糸／DMC…BLANC、ECRU、04、648
- 布：カラーリネン（Lグレー）／fabric bird

└ ページ内の共通指定　　作品で使用する糸の種類と色番号

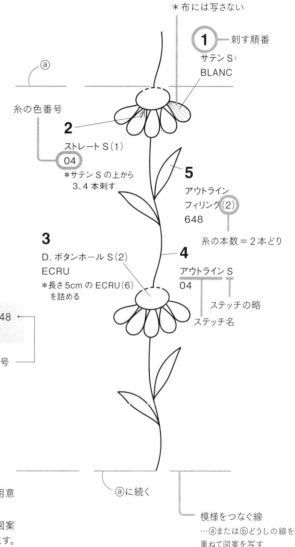

小物の作り方

- 刺繍をする布は、ほつれ防止や刺繍枠をはめるために大きめに用意をしてください。刺繍をしてから指定の寸法にカットします。
- 実物大図案・型紙は、表に図案のみを写します。刺繍を終えて図案線を消した後、裏に型紙＝出来上り線を写し、縫い代線を引きます。
  ＊図案を写すときに、型紙の角など一部だけ目安となる印をつけておくとよいです。
- 布の用尺は横×縦の順で表記しています。
- イラストまわりの数字の単位はcm、（　）内は縫い代の寸法です。
- イラスト内の↕は布の縦方向です。

クラスペディア

photo_p.09
- 糸：指定以外、25番刺繍糸。T＝タペストリーウール（1本どり）／DMC
  25番…08、451、647、3363
  タペストリーウール…7120、7484
- 布：カラーリネン（117ミルク・ホワイト）／fabric bird

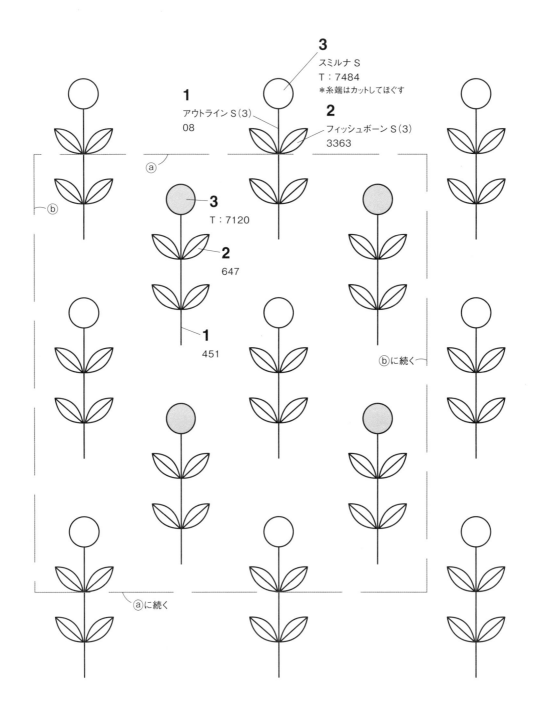

3 スミルナ S
T：7484
＊糸端はカットしてほぐす

1 アウトライン S（3）
08

2 フィッシュボーン S（3）
3363

3 T：7120

2 647

1 451

ⓐに続く
ⓑに続く

ポルカドット フラワー

photo_p.04
・糸：指定以外、25番刺繡糸。T＝タペストリーウール（1本どり）／DMC
25番…06、451
タペストリーウール…7500、7544
・布：カラーリネン（Gビター）／fabric bird

4の花びらは数字の順に、対角に。糸は長さ約45cmで2枚分刺せます。

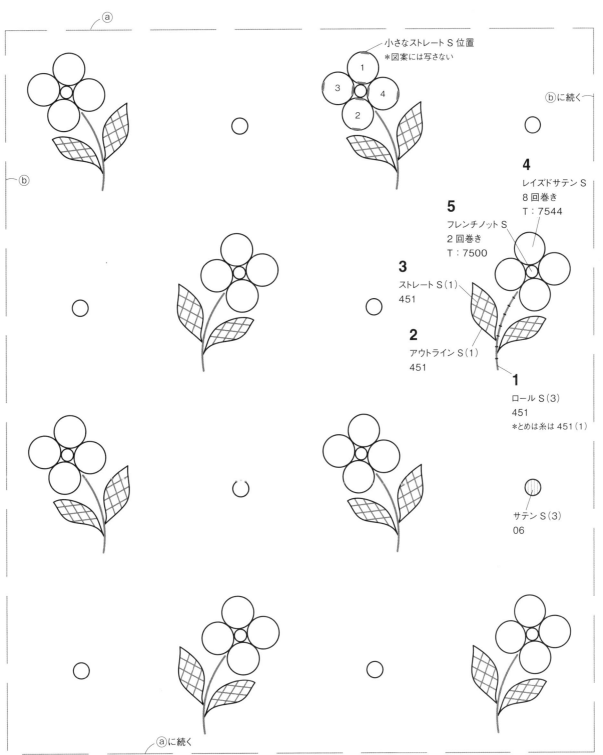

摘み花

photo_p.06、07
- 糸：指定以外、25番刺繍糸。E＝エコヴィータ／DMC
  25番…ECRU、06、10、152、223、224、317、647、745、3072、3743
  エコヴィータ…001、002、003、202、301、601
- 茎、葉、リボン、小花はすべて共通　・布：カラーリネン（117ミルク・ホワイト）／fabric bird

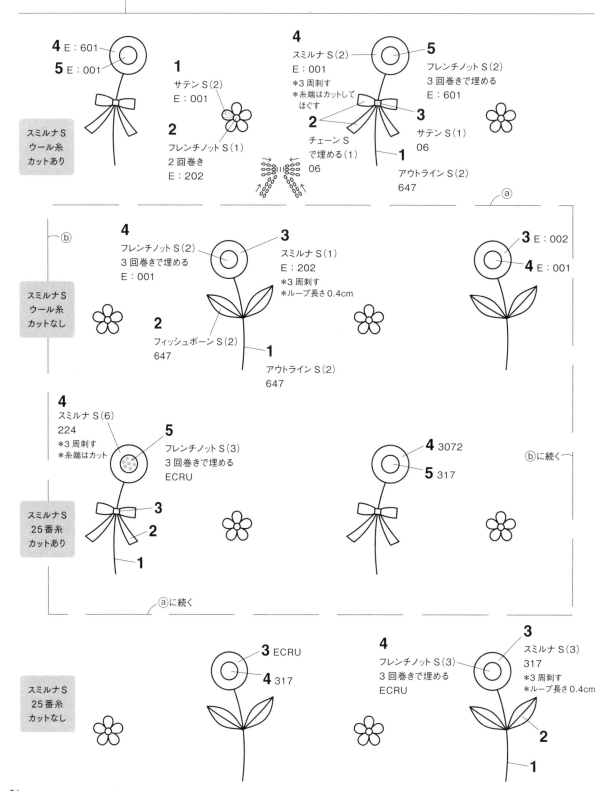

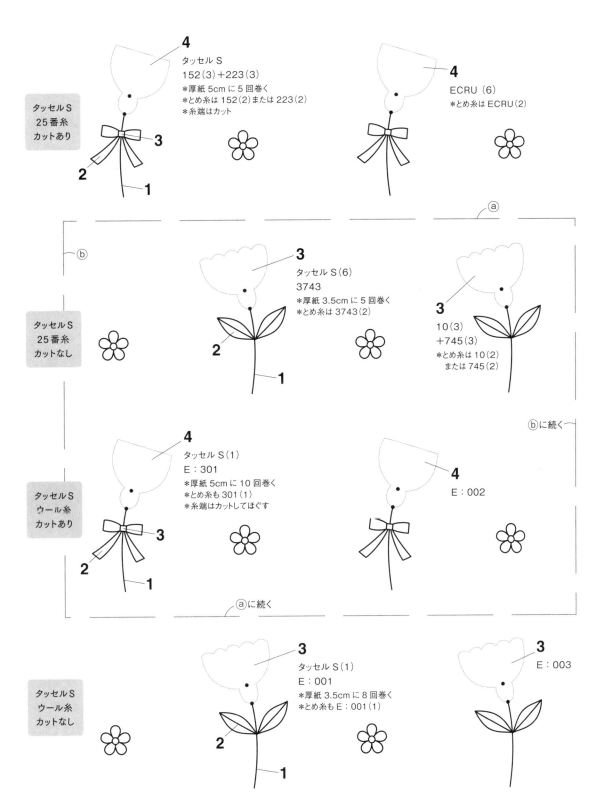

さくらんぼ

photo_p.10
- 糸：すべてE＝エコヴィータ（1本どり）／DMC…002、301
- 布：カラーリネン（Qラージャ・ルビー）／fabric bird

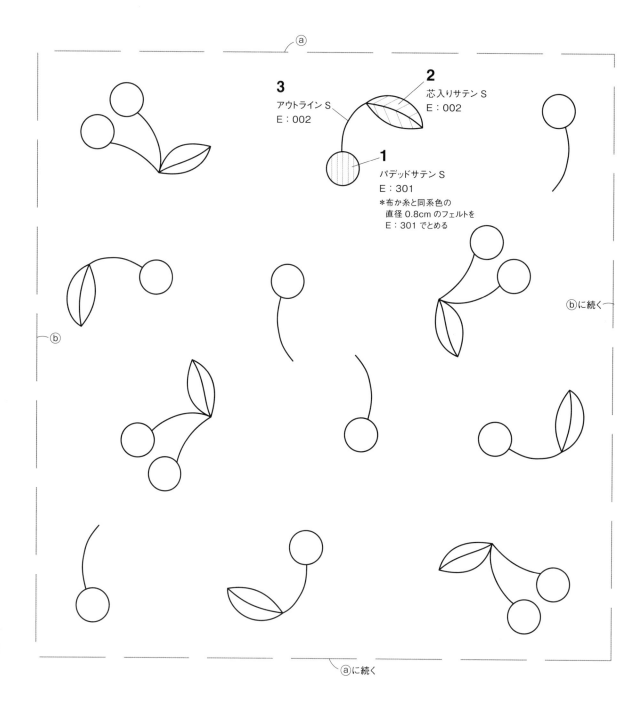

チューリップ

photo_p.11
- 糸：すべて25番刺繍糸／DMC…ECRU、152、223、224、347、451、523、754、950、3328、3778、3799、3861
- 布：綿ポリダンガリー（127ピンクベージュ）／丸石織物

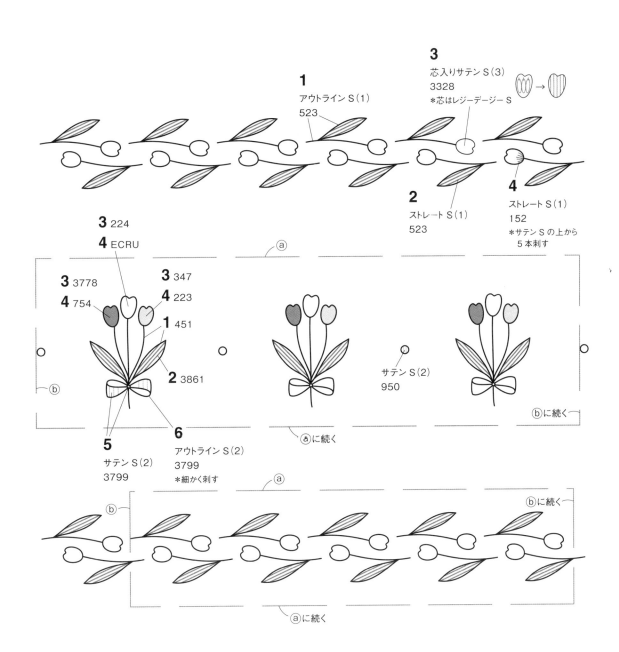

小花

photo_p.12

- 糸：指定以外、25番刺繍糸。頭にDがつく色番号はディアマント（1本どり）／DMC
  25番…152、347、931、3053、3743、3821
  ディアマント…D225
- 布：綿ポリダンガリー（101オフ白）／丸石織物

1の花びら、3の葉はゆるめに。最後にまとめて針の頭で少し引き出してふっくらと整えましょう。

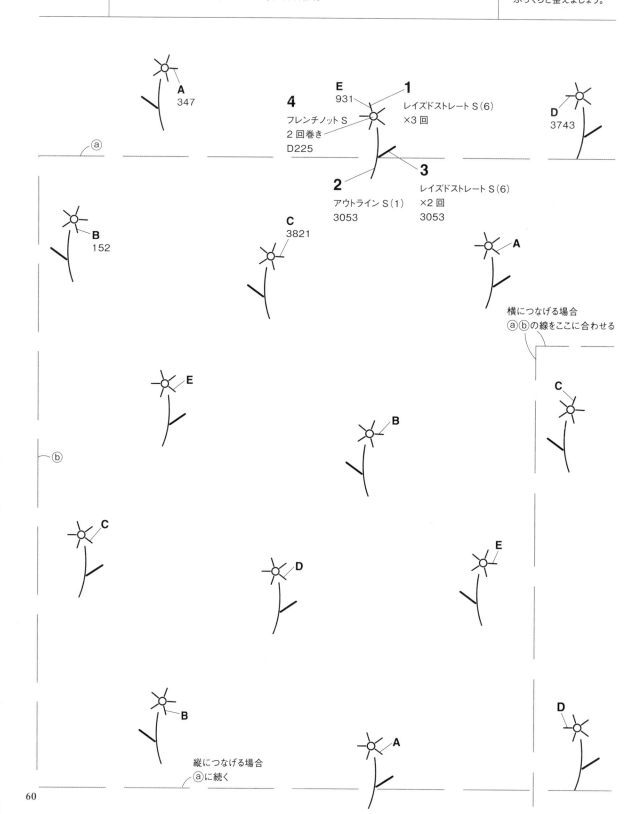

ブルーベリー

photo_p.14
・糸：すべてE＝エコヴィータ／DMC…612、702、710
・布：カラーリネン（118アクエリアス）／fabric bird

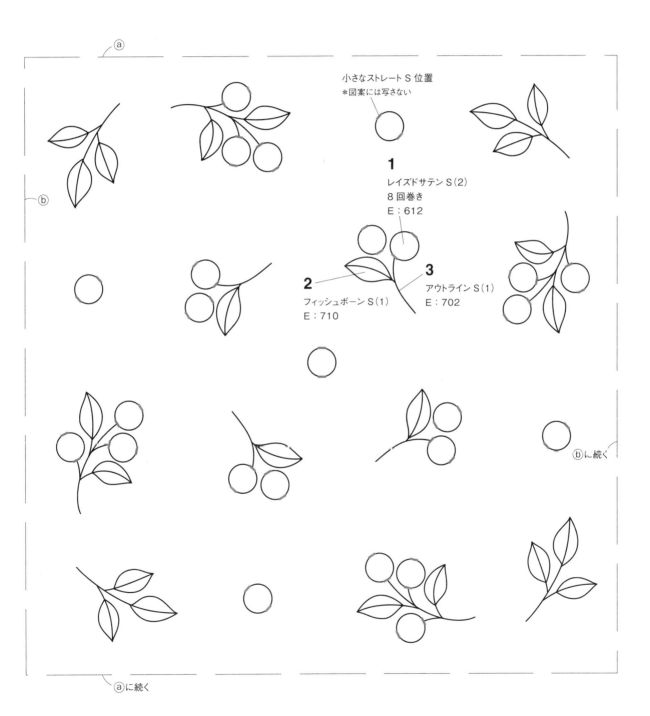

カモミール

photo_p.15
- 糸：すべて25番刺繍糸／DMC…745、927、3865
- 布：カラーリネン（115ブルー・ミスト）／fabric bird

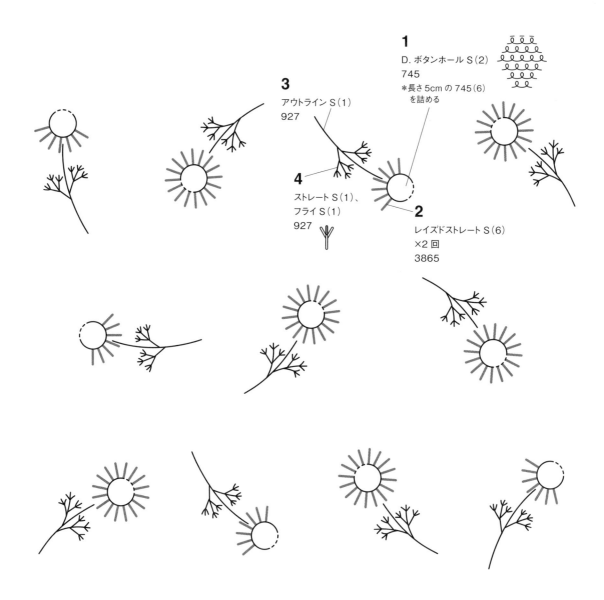

額紫陽花

photo_p.16
- 糸：すべて25番刺繍糸／DMC…BLANC、04、05、415、3023、3072
- 布：綿ポリダンガリー（101オフ白）／丸石織物

1のがくはゆるめに。最後にまとめて針の頭で少し引き出してふっくらと整えましょう。

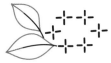

1
レイズドストレートS
×2回
04(2)＋415(2)

2
ストレートS
でランダムに埋める
05(2)＋3072(2)

3
フィッシュボーンS(2)
3023

4
アウトラインS(2)
3023

1
ストレートS(4)
415

2 中心
フレンチノットS(1)
2回巻き
BLANC

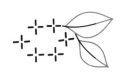

カーネーション

photo_p.18
・糸:指定以外、25番刺繍糸。T＝タペストリーウール（1本どり）、頭にDがつく色番号はディアマント（2本どり）／DMC
25番…06、451、646
タペストリーウール…7758
ディアマント…D225
・布:カラーリネン（119ローズダスト）／fabric bird

5、7、8は同じ糸、646(2)で続けて刺していきます。D.ボタンホールSの土台はバックSの代わりにストレートSを刺します。

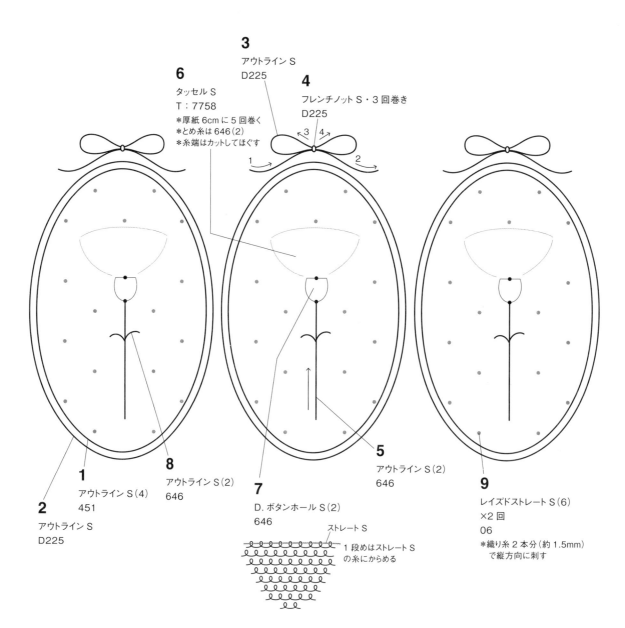

ミモザ

photo_p.20
・糸:すべて25番刺繡糸／DMC…644、744
・布:カラーリネン(117ミルク・ホワイト)／fabric bird

複写紙では〝点〟は写りにくいため、茎と葉だけを写します。花の点は水性ペンで描くか、図案を見ながら刺します。

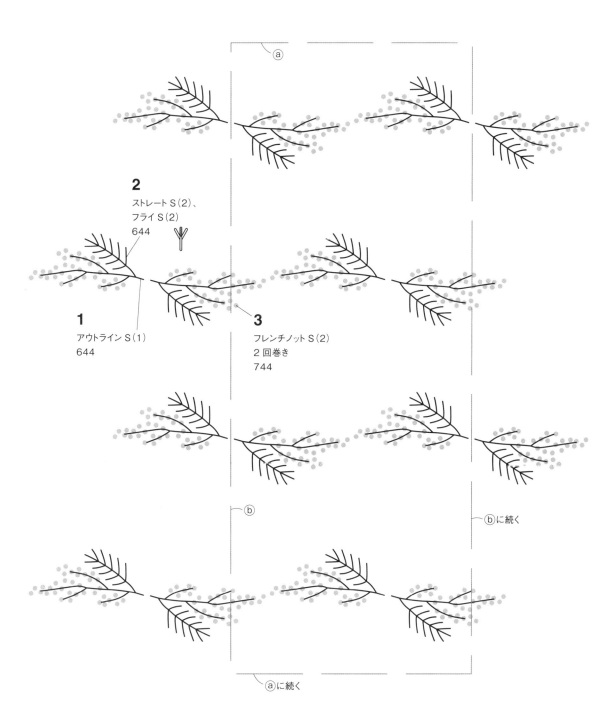

2 ストレートS(2)、フライS(2) 644

1 アウトラインS(1) 644

3 フレンチノットS(2) 2回巻き 744

リボン模様

photo_p.22
・糸：すべて25番刺繍糸／DMC…648、950、3861、3866
・布：綿ポリダンガリー（127 ピンクベージュ）／丸石織物

1の花びらはゆるめに。最後にまとめて針の頭で少し引き出してふっくらと整えましょう。

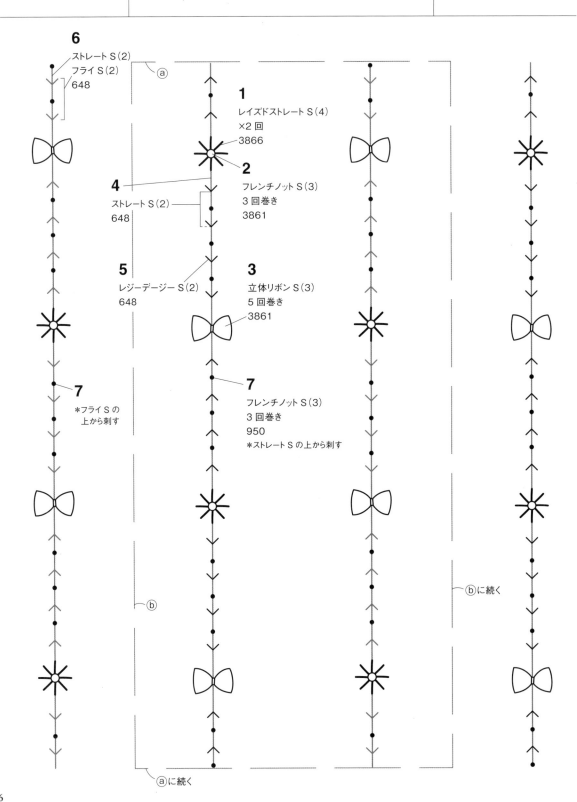

イニシャル

photo_p.23
- 糸：すべて25番刺繍糸／DMC…04、415、451、646、3023、3072
- 布：カラーリネン（117ミルク・ホワイト）／fabric bird

1の花びらはゆるめに。最後にまとめて針の頭で少し引き出してふっくらと整えましょう。

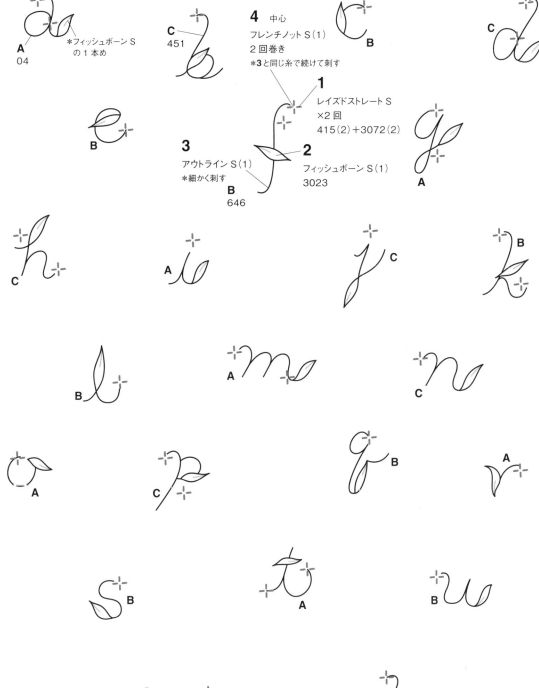

レンゲソウ

photo_p.24
- 糸：すべて25番刺繡糸／DMC…BLANC、32、318、3022、3023、3041、3722、3743
- 布：綿ポリダンガリー（101オフ白）／丸石織物

花の内側の破線＝ステッチの数を表わしています。布には実線で写してください。

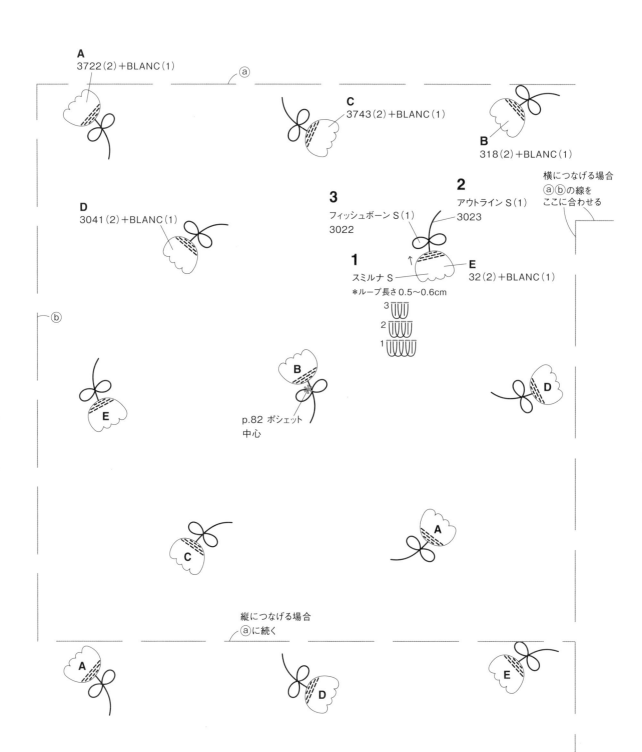

ノイバラ

photo_p.26
- 糸：すべて25番刺繍糸／DMC…746、3820、3865
- 布：カラーリネン（102 インディゴ・ネイビー）／fabric bird

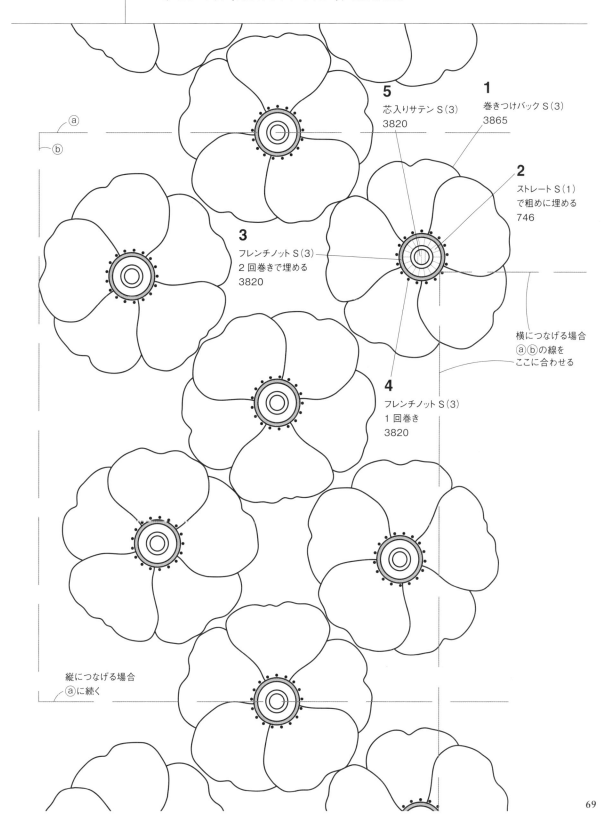

1 巻きつけバックS(3) 3865

2 ストレートS(1)で粗めに埋める 746

3 フレンチノットS(3) 2回巻きで埋める 3820

4 フレンチノットS(3) 1回巻き 3820

5 芯入りサテンS(3) 3820

横につなげる場合 ⓐⓑの線をここに合わせる

縦につなげる場合 ⓐに続く

すずらん

photo_p.27
・糸：すべて25番刺繍糸／DMC…BLANC、04
・布：カラーリネン（102インディゴ・ネイビー）／fabric bird

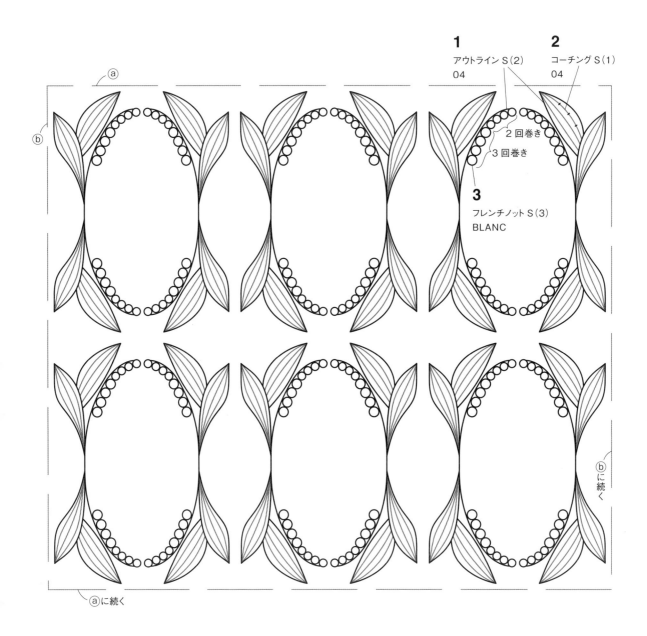

野うさぎのお散歩

photo_p.28
・糸：すべて25番刺繍糸／DMC…08、347、647、744、3861、3866
・布：カラーリネン（116ピーチ・ブラッサム）／fabric bird

1の花びらはゆるめに。最後にまとめて針の頭で少し引き出してふっくらと整えましょう。うさぎは目と鼻を最後に刺します。

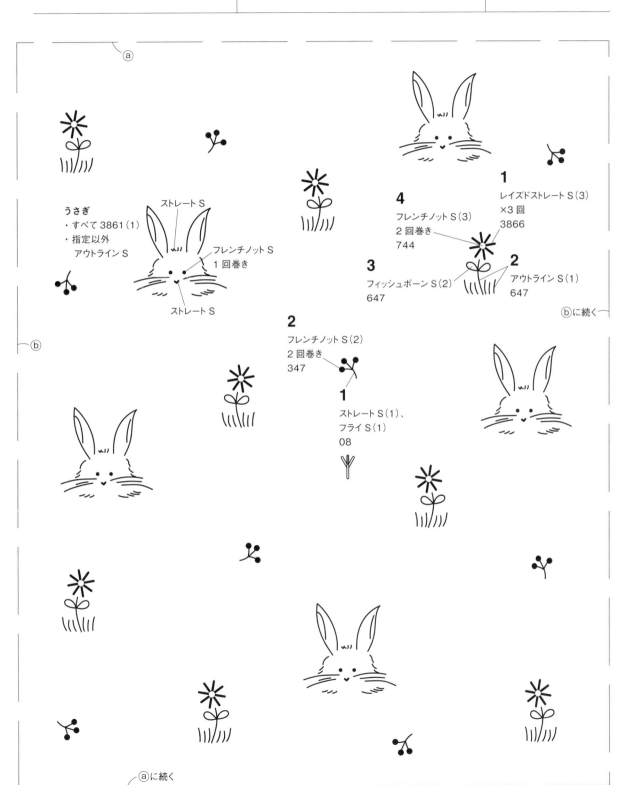

しあわせを はこぶコトリ

photo_p.29
- 糸：指定以外、25番刺繍糸。E＝エコヴィータ（1本どり）／DMC
  25番…08、223、3799
  エコヴィータ…001、202、702
- 布：カラーリネン（117ミルク・ホワイト）／fabric bird

D. ボタンホールSは糸をやさしく引き、ゆったりと仕上げましょう。

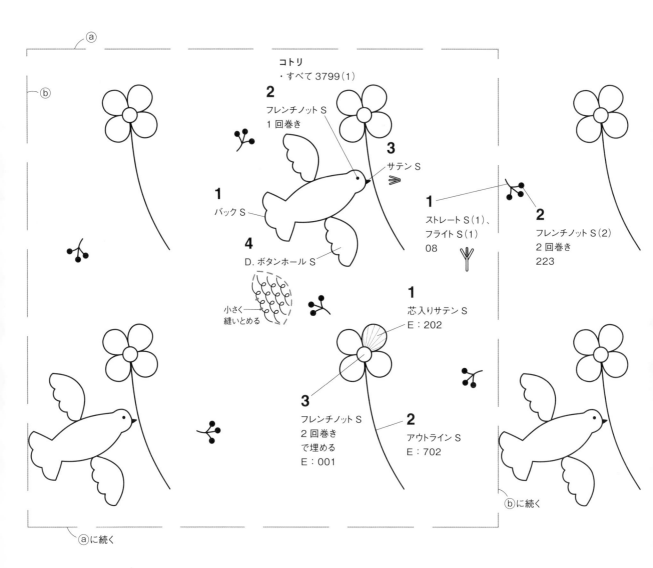

カスミソウ

photo_p.30
・糸：指定以外、25番刺繡糸。頭にDがつく色番号はディアマント（1本どり）／DMC
　25番…ECRU、3023　ディアイマント…D225
・布：カラーリネン（Gビター）／fabric bird

複写紙では"点"は写りにくいため、花の点は水性ペンで描くか、図案を見ながら刺します。茎は上から下へ、続けて刺しましょう。

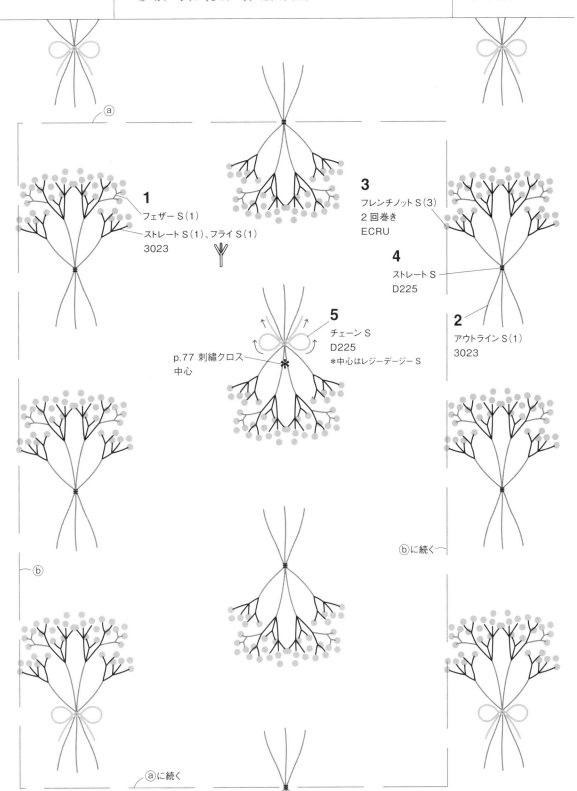

1 フェザーS（1）
　ストレートS（1）、フライS（1）
　3023

3 フレンチノットS（3）
　2回巻き
　ECRU

4 ストレートS
　D225

5 チェーンS
　D225
　＊中心はレジーデージーS

p.77 刺繡クロス中心

2 アウトラインS（1）
　3023

ⓐに続く
ⓑに続く

藤

photo_p.32
- 糸:すべて25番刺繡糸／DMC…644、3022、3041、3743
- 布:カラーリネン(115ブルー・ミスト)／fabric bird

1の花はゆるめに。最後にまとめて針の頭で少し引き出してふっくらと整えましょう。

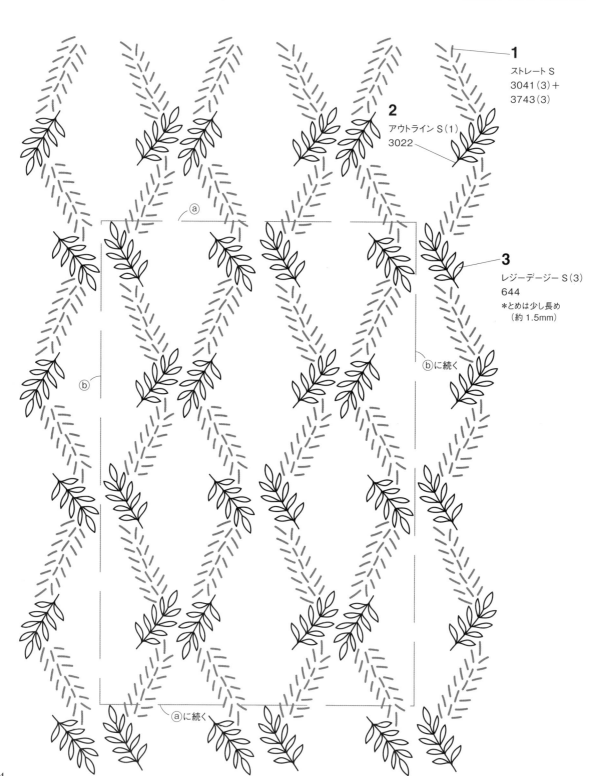

1
ストレートS
3041(3)+
3743(3)

2
アウトラインS(1)
3022

3
レジーデージーS(3)
644
*とめは少し長め
(約1.5mm)

ラベンダー

photo_p.34
・糸：指定以外、25番刺繍糸。頭にDがつく色番号はディアマント
　（1本どり）／DMC
　25番…32、646　ディアマント…D225
・布：カラーリネン（117ミルク・ホワイト）／fabric bird

複写紙では"点"は写りにくいため、茎とリボンだけを写します。花の点は水性ペンで描くか、図案を見ながら刺します。

4
フレンチノット S
2 回巻き
D225

3
レジーデージー S
D225

1
フレンチノット S（2）
32
2 回巻き
1 回巻き

2
アウトライン S（1）
646

ⓐ

ⓑ

ⓑに続く

ⓐに続く

75

エキナセア

photo_p.36
- 糸：すべて25番刺繡糸／DMC…BLANC、ECRU、04、648
- 布：カラーリネン（Lグレー）／fabric bird

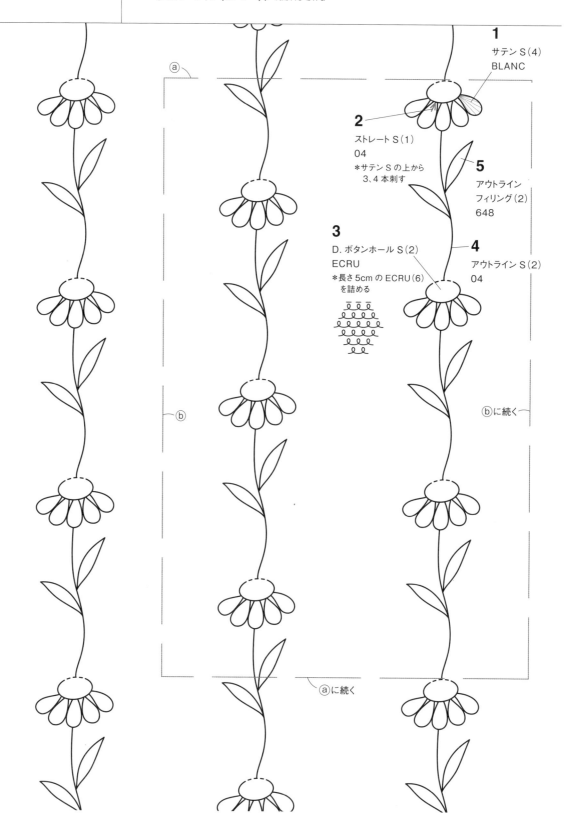

1 サテンS(4) BLANC

2 ストレートS(1) 04
＊サテンSの上から3、4本刺す

3 D.ボタンホールS(2) ECRU
＊長さ5cmのECRU(6)を詰める

4 アウトラインS(2) 04

5 アウトラインフィリング(2) 648

刺繍クロス

photo_p.31

材料

布（カラーリネン_Gビター／fabric bird）…30×45cm
糸／DMC
　25番…ECRU、3023、3031
　ディアマンド…D225

作り方

1. 布に、図案の＊印と布の中心を合わせて図案を写し、刺繍をする。
   ≫p.73図案ページ参照

2. 縫い代をつけて裁つ。

3. 縫い代を額縁仕立てにして角のみを縫う。

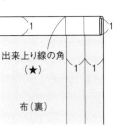
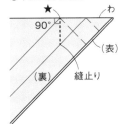

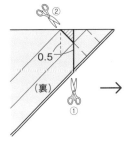

4. 周囲の縁にボタンホールスカラップエッジステッチを刺す。
   ❶ステッチ幅にしつけをかける
   　（または手芸用水性ペンで印をつける）
   　＊1ステッチ＝0.75cm
   ❷ステッチを刺す
   　＊刺し始めと刺し終りは、
   　　裏側で玉結び・玉どめ

5. 3の縫い代をたてまつり（p.87）で縫う。

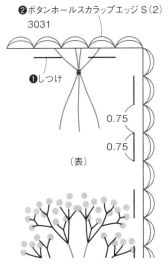

出来上り寸法　約18.5×32cm

コースター | photo_p.05

材料

布（カラーリネン_Fサンド／fabric bird）…40×20cm
糸／DMC
　25番…08
　タペストリーウール…7489、7500
接着キルト芯・2mm厚…30×15cm

作り方

1. 布に刺繍をする。
   ≫p.55図案ページ参照

2. 指定の縫い代をつけて前面と後ろ面、キルト芯を裁つ。

3. 後ろ面2枚を中表に合わせ、返し口を残して縫う。縫い代を割る。

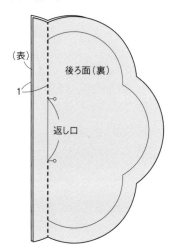

4. 前面の裏側に接着キルト芯を、裁切り→縫い代つきの順にはる。

5. 前面と後ろ面を中表に合わせて周囲を縫う。

6. 縫い代に切込みを入れ、割る。

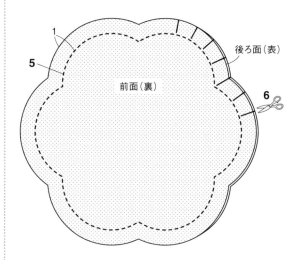

7. 表に返してアイロンで整え、返し口をコの字とじ（p.87）でとじる。

8. ミシンステッチをかける。

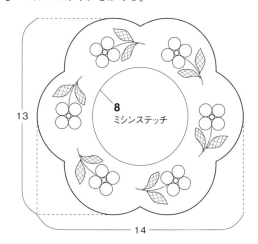

78

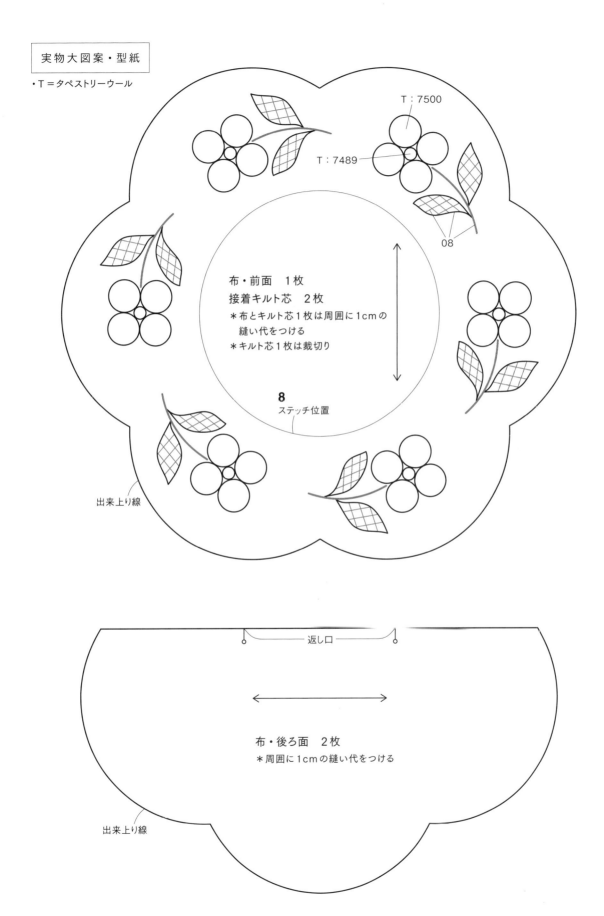

フラットポーチ photo_p.08

材料

布（カラーリネン_117ミルク・ホワイト／fabric bird）
　…70×30cm
フェルト・2mm厚（オフホワイト）…7×7cm
糸／DMC
　25番…08、3023
　エコヴィータ…001、002
接着芯・薄手…32×24cm
幅1.5cmのリネンテープ（黒）…30cmを2本

作り方

1. 布とフェルトに刺繍をする。
　≫p.56図案ページ参照

2. 指定の縫い代をつけて表布ともう1枚の布（裏布）、フェルトを裁つ。表布の裏側に接着芯をはる。

3. 裏布のテープつけ位置にリネンテープを仮どめする。

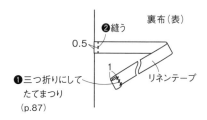

4. 表布・前面にアップリケを奥たてまつり（p.87）で縫いとめる（7図参照）。

5. 表布と裏布を中表に合わせて両脇を縫う。縫い代を割る。

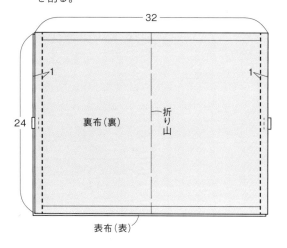

実物大図案・型紙

- E＝エコヴィータ
- スミルナSの糸端はカットしてほぐす

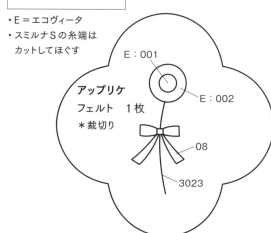

6. はぎ目を合わせて中表にたたみ、返し口を残して上下を縫う。

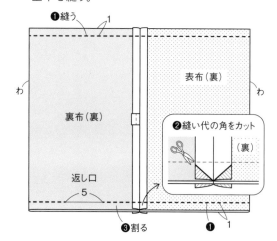

7. 表に返し、表布の中に裏布を入れてアイロンで整え、コの字とじ（p.87）で返し口をとじる。

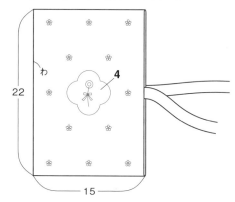

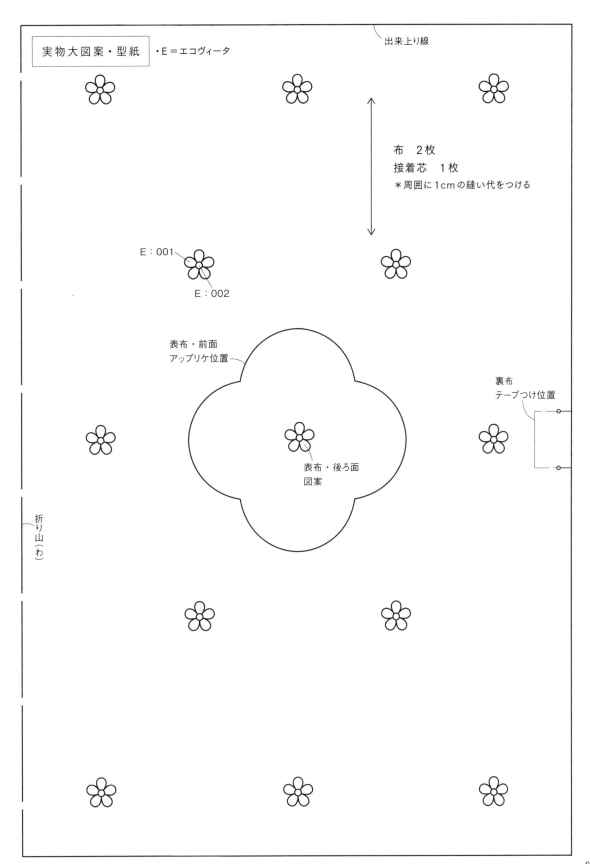

ポシェット photo_p.25

材料

布（カラーリネン_Lグレー／fabric bird）
  側面…90×30cm
  底…20×15cm
  肩ひも…92×8cmを2枚
糸／DMC
  25番…BLANC、03、06、3861
  ディアマント…D168

接着キルト芯・1mm厚
  側面…18×19cmを2枚
  底…16×4cm

側面・寸法図

・図案の＊印と布の中心を合わせて図案を写し、刺繡をする。
  ≫p.68図案ページ参照

花の色番号
  A…3861(2)＋BLANC(1)
  B…06(1)＋BLANC(2)
  C…03(2)＋BLANC(1)

・指定の縫い代をつけて裁ち、4枚の底側に合い印をつける。

・刺繡した布ともう1枚の裏側の周囲1cm内側に接着キルト芯をはる（表布になる）。

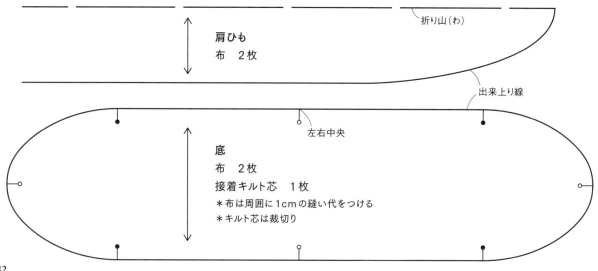

実物大図案・型紙

肩ひも　布　2枚

底　布　2枚　接着キルト芯　1枚
＊布は周囲に1cmの縫い代をつける
＊キルト芯は裁切り

作り方

1 側面・表布2枚を中表に合わせて両脇を縫う。縫い代を割る。

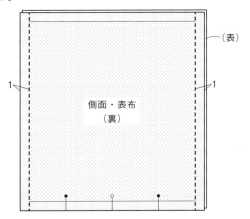

2 表袋を作る。
　❶ 底1枚の裏側に接着キルト芯をはる
　❷ 側面と❶を中表にし、
　　↑～↑の合い印の間にしつけをかけて縫う
　❸ 縫い代のカーブ部分に切込みを入れる

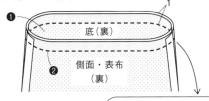

＊残りの側面と底も
　1（返し口を残して縫う）、
　2-❷、❸と同様にして
　裏袋を作る。

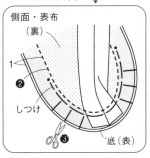

3 肩ひもを作る。
　❶ 四つ折りにする

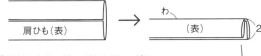

　❷ 片端を中表に折り、型紙を写して縫う
　❸ 図のようにカットし、縫い代に切込みを入れる

　❹ 表に返して押えミシン

4 表袋の両脇に肩ひもを仮どめする。

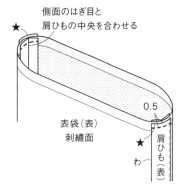

5 裏袋の中に表袋を中表に合わせて入れ、入れ口を縫う。

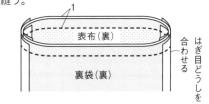

6 表に返し、返し口をコの字とじ（p.87）でとじる。

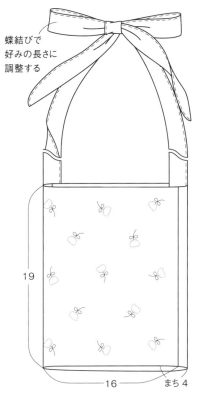

チャーム

photo_p.13

材料

布（カラーリネン_116ピーチ・ブラッサム／fabric bird）…30×15cm
糸／DMC
　25番…647、950、3328、3778、3861、3866
　ディアマント…D225
バッグチャーム金具（直径2.5cmのニコイル・チェーン・回転カンのセット、ゴールド）
化繊わた…適量

作り方

1 布に刺繍をし、指定の縫い代をつけて裁つ。
≫p.60図案ページ参照

花びらの色番号
A…950　**D**…3861
B…3866　**E**…3778
C…3328

2 布を中表に合わせ、返し口を残して縫う。縫い代を割る。

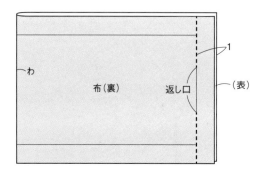

3 はぎ目を中央にして上下を縫う。

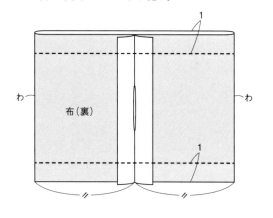

4 表に返して化繊わたを詰め、返し口をコの字とじ（p.87）でとじる。

5 バッグチャーム金具のニコイルを**4**の中央に通す。

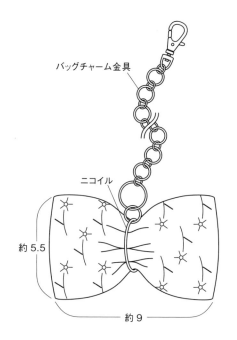

実物大図案・型紙

返し口

布　1枚
＊周囲に1cmの縫い代をつける

折り山

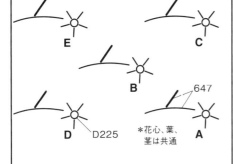

647
D225
＊花心、葉、茎は共通

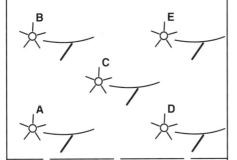

折り山

出来上り線

リボン

photo_p.21, 35

実物大図案

≫ p.75参照　　≫ p.65参照
　　　　　　　3cm幅コットンテープ

 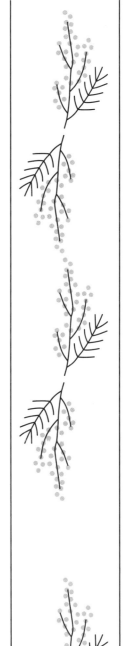

幅6cmの布の両端を1cm裏側に折り、外表に二つ折りにしてコの字とじ（p.87）でとじる。

布（カラーリネン_102インディゴ・ネイビー／fabric bird）

85

パネル

photo_p.33

材料

刺繡をした布…25×31cm
＊15×21cm内に刺繡をし、周囲に5cmの折り代をつける
＊作品はp.09「クラスペディア」、p.32「藤」のサンプラーをそのまま使用

接着スチレンボード・7mm厚…15×21cmを2枚
キルト芯・2mm厚…15×21cmを2枚
裏布（好みのもの）、接着芯・薄手…各14.4×20.4cm
（壁にかける場合）太さ1～2mmのひも…35cm

作り方
＊2と3では、布目とパネルのラインを合わせながら、布目がゆがまないように均等に布を引っ張る。

1 スチレンボードとキルト芯を重ねて貼る。
＊いちばん上のキルト芯はのせる。

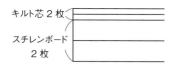

2 キルト芯側の上に刺繡布をのせ、短い辺→長い辺の順にまち針でボードの側面に仮どめする。

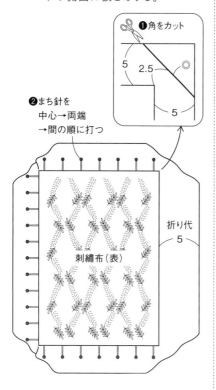

3 裏に返し、短い辺→長い辺の順に折り代の中央をホチキスでボードにとめる。

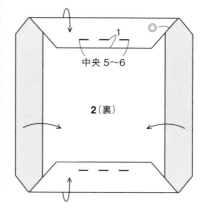

4 折り代の端をホチキスでとめる。

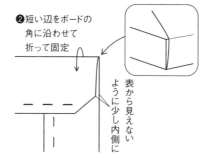

5 裏布の裏側に接着芯をはり、ボードの裏側にホチキスでとめる。

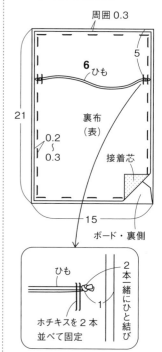

6 （壁にかける場合）
ひもを2本どりにして両端を結び（結び目～結び目の長さ＝14cm前後）、ボードの裏側にホチキスでとめる。

出来上り寸法

約15×21×厚さ1.8cm

カード

photo_p.19

材料

布（カラーリネン_119ローズダスト／fabric bird）…15×20cm
糸／DMC
　25番…06、451、646
　タペストリーウール…7758
　ディアマント…D225
接着芯・薄手…7×10cm
和紙はがき（薄ピンク）…10×15cm

作り方

1　布に刺繍をする。
　　≫p.64図案ページ参照

2　布の裏側に接着芯をはる。

3　布を出来上りに裁ち、周囲の織り糸を0.3〜0.4cm分抜く。

4　はがきにマスキングテープで**3**を仮どめし、ミシンで縫う。

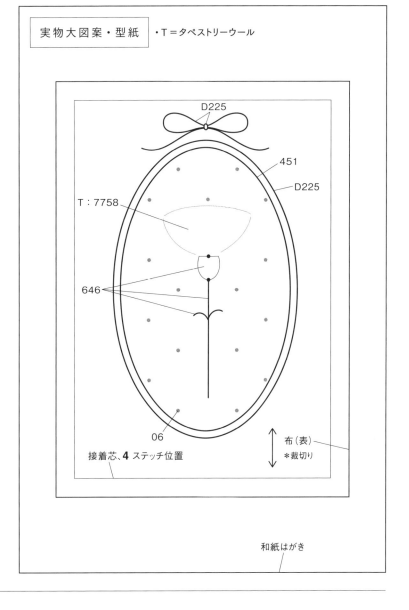

基本の縫い方

コの字とじ

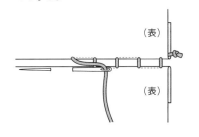

奥たてまつり

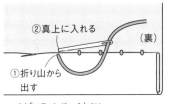

＊p.80「フラットポーチ」ではフェルトの側面から出す

たてまつり 表側の縫い目が目立ちにくい方法

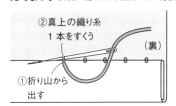

suzu（aiko suzuki）

福岡県出身。文化女子大学短期大学部（現文化学園大学）を卒業後、ロンドン芸術大学にてテキスタイルデザインを専攻。在英中に出会ったオートクチュールや英国刺繍の世界に魅了されて刺繍を学ぶ。帰国後は大手衣装会社にてスタイリストとして勤めた後、2021年「theRibbonknot」を立ち上げる。レッスンの講師などを行ないながら刺繍作家として活動。著書『少ない色数でも楽しめる総柄刺繍』（KADOKAWA）、共著『はじめてでもできるワンポイント刺しゅうBOOK』（日本ヴォーグ社）『今日からはじめる 刺しゅうのキホン』（成美堂出版）などがある。
Instagram @the.ribbon.knot

ブックデザイン	高橋朱里（マルサンカク）
撮影	上原朋也
	安田如水（サンプラー、プロセス／文化出版局）
スタイリング	荻野玲子
ヘア＆メイク	宇津木明子
モデル	中野有紗
製作協力（p.28）	nene（colorer_nisse）
トレース	宇野あかね（文化フォトタイプ）
校閲	向井雅子
編集	小野奈央子
	田中 薫（文化出版局）

・刺繍糸提供
DMC
https://www.dmc.com

・布地提供
fabric bird（中商事）　作品
https://www.rakuten.ne.jp/fabricbird/

丸石織物　作品、プロセス
https://www.kijimaru.jp

・針提供
チューリップ
https://www.tulip-japan.co.jp

・撮影協力
ヴラスブラム 目黒店　Tel.03-5724-3719
p.1、31のフリルブラウス、
p.13、21、25、35のブラウス、スカート／ヴラスブラム

グラストンベリー ショールーム　Tel.03-6231-0213
p.1、31のベスト、
p.2、19、37のスモックブラウス／ヤーモ

刺繍で描く、布もよう

2025年3月22日　第1刷発行

著者　　　suzu
発行者　　清木孝悦
発行所　　学校法人文化学園 文化出版局
　　　　　〒151-8524
　　　　　東京都渋谷区代々木3-22-1
　　　　　電話　03-3299-2485（編集）
　　　　　　　　03-3299-2540（営業）
印刷・製本所　株式会社文化カラー印刷

©Aiko Suzuki 2025　Printed in Japan
本書の写真、カット及び内容の無断転載を禁じます。

・本書のコピー、スキャン、デジタル化等の無断複製は著作権法上での例外を除き、禁じられています。本書を代行業者等の第三者に依頼してスキャンやデジタル化することは、たとえ個人や家庭内での利用でも著作権法違反になります。

・本書で紹介した作品の全部または一部を商品化、複製頒布、及びコンクールなどの応募作品として出品することは禁じられています。

・撮影状況や印刷により、作品の色は実物と多少異なる場合があります。ご了承ください。

文化出版局のホームページ　https://books.bunka.ac.jp